**Você quer ser um**

**DETETIVE INICIANTE?**

**Perguntas e Repostas**

DETETIVE SOPHYE

ROSENILDA ROCHA MOURA

# Dedicatória

Em especial a todas as mulheres detetives deste Brasil, que levam o sustento para suas casas.

Aquelas que as vezes nem podem se dar ao luxo de aparecer em sites ou ter cartões nobres de visita, mais que atuam levando o esclarecimento de fatos a famílias.

Meu profundo respeito a todas vocês meninas mulheres, feras.

# O QUE SIGNIFICA PROFISSIONAL DETETIVE?

É o profissional responsável por detectar um fato, pilhar, investigar, desmascarar circunstâncias e pessoas nelas envolvidas.

No Brasil, a atividade é regulamentada através da Lei n° 13.432/2017 de 11 de abril de 2017com as competências de planejar e executar coleta de dados e informações de natureza não criminal, para o esclarecimento de assuntos de interesse privado do contratante. O profissional deverá ter ao mínimo, o ensino médio e passar por curso de formação específica.

A lei anterior, de dezembro de 1957 sob o n°. 3.099, determinava as condições para o funcionamento de estabelecimento de informações reservadas ou confidenciais, comerciais ou particulares.

A história de detetives é um gênero
popular de literatura desde o início do
século XIX. Sherlock Holmes,
personagem de Arthur Conan Doyle, e
Hercule Poirot, personagem de Agatha
Christie são os detectives mais
famosos da ficção.

Atualmente, nos quadrinhos especiais
dos nets, temos as temporadas de
Jéssica Jones, uma mulher
diferenciada com poderes que escolheu
ser detetive particular.

E a realidade, como é?

Sim, a realidade. é bastante solúvel.

Se você está lendo este livro, é por querer se tornar um detetive profissional particular.

A Lei,  exige o ensino médio, porém o curso livre é uma forma da pessoa ter ou não a certeza de fazer  e seguir a profissão.

Como sou detetive desde 1990, e agora estamos em 2020, tenho uma boa experiência, pois sempre atuei com veemência na investigação.

Minha chamada para pessoas que saibam ler e escrever a entrarem no mundo decente da investigação é estimular aos alunos que retomem seus estudos caso queiram profissionalizar.

# Estudar investigação requer curiosidade dirigida.

Você deve  ter um entendimento especial de que para ser um bom detetive os princípios fundamentais são ouvir mais do que falar.

O que é curiosidade dirigida?

A curiosidade dirigida é quando você observa cuidadosamente os gestos de cada pessoa e como ela se comporta conversando com diversas pessoas.

Como as pessoas modificam-se  ou são as mesmas.

Quando você passa a ter esse senso crítico e observar, tudo muda ao seu redor.

Você pode começar a fazer o teste com as pessoas ao seu redor.

Observe mais e fale menos.

Seja mais educado e forma com as pessoas.

Parece engraçado, mais ai você começa a ser um detector de informações sociais.

Para a investigação, comportamento é tudo.

Nós lidamos com comportamentos em sua maioria distorcidos.

Então devemos iniciar nosso treinamento dirigido de forma simples.

É claro que não é para você mudar sua personalidade, pois isso não se pode fazer mais exercitar formas de abrir seu campo de detecção.

Quero neste livro ser bastante simples e direta, pois sou instrutora de investigações hostis e nós cobramos muito de nossos alunos pois já são atuantes e reservam uma especialidade.

E para você que pode ser uma empregada doméstica, um profissional de serviços gerais ou um porteiro, que gostou desta chamada para se tornar um detetive profissional particular, vamos dar o passo a passo.

# Detetive Profissional

Ética, é fundamental, trabalhar com conhecimento de causa, saber atender um cliente.

Primeiro de tudo, ouvir o problema, anotar, saber quem está te contratando e para que.

Saiba que você pode recusar o trabalho se observar algo ilícito.

Existe uma prática muito usada em clientes, geralmente mulheres, que procuram detetives para encomendar morte de amantes de seus maridos ou de seus maridos.

Deixe bem claro que você presta serviços de coleta de dados.

Os casos inusitados que acontecem no escritório, são para muitos livros.

É certo esclarecer que nós estamos aqui para dar um norte ao iniciante que quer  se tornar detetive profissional privado.

Detetive privado não é policial.

Detetive pela nova lei, não tem autorização para atuar em casos criminais, salvo se autorizado por uma autoridade policial por escrito.

É importante saber que a profissão de detetive não se limita a ficar em porta de motel tirando fotos.

Aliás, já era essa coisa de motel.

Trair em motel é passado.

A profissão tem atuações importantes na área trabalhista, na área de meio ambiente, na área de apoio a escritório de advocacia, dando o suporte em trazer informações reais coletadas licitamente.

O caso de paradeiros de pessoas desaparecidas, por exemplo, é uma atribuição de delegacia de policia, uma fratura do sistema quando eleva o detetive a não possuidor de capacidade para elucidar tais diligencias particulares.

Porém, o caso torna-se cível quando a pessoa desaparece por não pagar suas dívidas.

E dai, bom as explicações ficam para os doutores advogados.

Em caso de assassinos desaparecidos, se a família autorizar, pode sim o detetive fazer a distancia tal acompanhamento e informar a autoridade policial local ou ao advogado bem como ao ministério público sobre aquele cidadão que é devedor do sistema penal.

Para se tornar um excelente detetive profissional, ainda é importante leitura sobre tudo.

Assista filmes bons e ruins, teste sua paciência, pois isso sim é uma forma de se tornar  um bom profissional.

Aprenda a não contar tudo que sabe para pessoas das qual você não confia.

Aprenda a ter cautela com familiares.

Cuidado sempre com pessoas que se aproximam de você para seduzir e apenas querem pegar informações.

Aqui neste livro, você é apenas um curioso em saber mais sobre uma profissão que pode ser rendosa ou não.

No Brasil, muitos cursos de detetive estão espalhados pela internet e as pessoas compram, fazem uma prova e depois compram uma carteira e um distintivo, e nada sabem mais.

Dai coloca anuncio e aparece um cliente.

Sabe o que acontece?

O detetive não tem noção e preço, nem noção de gestão de serviços.

Hoje, a maioria das pessoas vivem em condomínios ou favelas  ou em vilas dominadas por milícias, e é preciso muito saber do que se trata e de como desenvolver o trabalho.

E não estou falando de grandes capitais, estou falando do país como um todo.

Sabe por qual motivo? Sou detetive de
estrada, já rodei esse país de neste a

sul, de barco, de canoa, de bicicleta, de
ônibus,  de trem, metrô, moto taxi de
avião, de carroça então sei do que
estou falando.

Contratar empresas de dossiê,
qualquer pessoa contrata.

# Eu quero começar como detetive. O que eu faço?

Primeiro faça um curso que tenha 600 horas.

Veja se você já concluiu o ensino médio.

Se ainda não concluiu, pode começar a se organizar e fazer  uma preparação, o MEC (Ministério da Educação e Cultura), tem sempre formas salutares para quem abandonou os estudos.

Após concluir e de posse da certificação do curso e a publicação no diário oficial da conclusão do ensino médio, você pode  cursar a faculdade de DETETIVE Privado, ou iniciar sua carreira.

Você inicia sua vida fazendo um MEI, que é um CNPJ de pequeno empreendedor, paga um valor todo mês de iss e inss, e assim terá um conta empresarial em algum banco.

Poderá fazer  contratos com o nome de sua empresa.

Recomendo que faça leitura e assista palestras gratuitas  na internet sobre como fazer um orçamento e como fazer um contrato.

Faça cursos de redação de contratos, todos estes conhecimentos são importantes para se tornar ponta.

# E as parcerias?

Pois é parcerias são aprendizados.

Quer um conselho, faça parceria sim, mais não se case com as parcerias.

O termo casar-se é cuidado, pois parceiros precisam de contratos e saiba, se você é bom no que faz, cuide sozinho da investigação.

Meu nome na investigação é Sophye, porém meu e-mail é águia solitária, pois é assim que consegui meus melhores méritos.

Estudei todo tipo de assunto, pois sempre prestei trabalhos de forma sigilosa e com presteza.

Aprendi que o trabalho de ser muito
bem feito e que o cliente preciso no
contrato assinar que so terá
informações quinze dias depois, sem
mais e sem menos.

Clientes histéricas que ficam enviando
mensagens desesperadas, não são as
pessoas mais indicadas.

É claro que em inicio de carreira
pegamos de tudo.

Hoje posso escolher o tipo de
investigação e sempre escolho com
grau maior de dificuldade.

Participei de levantamentos trabalhistas para grupos de trabalhadores que foram  roubados pelos empresários e fomos até as ultimas consequências, encontrando tais empresários em Berlim, vivendo a vida de forma bem salutar.

E também, trabalhei com levantamento de funcionários que tinha o costume de pegar atestado para curtir praia.

E sendo funcionários de padrão elite.

Então é necessário saber lidar com tais informações e com tamanha competência para montar uma estratégia de fazer a verdade vir a tona e deixar aquela pessoa que lesa o outro em condições de apenas confessar.

A casa sempre vai cair para quem faz coisa errada.


Aprenda uma coisa;

Cliente não é amigo.

Aprenda a separar as coisas.

Tenho cliente de 20 anos e eles continuam sendo meus clientes e sabem disso.

Como distinguir isso, nunca aceite o café na casa do cliente, a não ser que precise investigar.

Seja frio e cauteloso tem cliente que te contrata para apenas fazer-se de vítima.

Faça seu trabalho entregue e receba o seu dinheiro.

# E as agências de investigação?

Existem muitas, são diversos proprietários de porte e capacidade fantástica.

Em São Paulo, conheço inúmeras e poucas no Rio de Janeiro, algumas em Minas e confesso que devemos ser bastante cautelosos com os serviços, tratar as diárias certinhas, caso você vá precisar de apoio com moto ou com veículo, pois nas agências apenas pegamos o trabalho com prazo apertado para entregar, haja vista o dono da agência precisa após sua entrega de coleta de dados fazer o laudo e relatório para o cliente.

# E os casos conjugais?

Bom, casos  assim, nós trabalhamos
em diversas vertentes.

Flagrante?

Apenas filmagens e fotos?

Pessoal, por favor, contrato assinado,
escrito com detalhes o que você vai
coletar.

Cláusulas informando que você
naquele serviço é apenas um
profissional.

Outra coisa, saber até onde você vai
para não ser pego pela lei de invasão
de privacidade.

Quer-se ser detetive, cuidado com
anúncios de que você duplica
whatsapp, facebook, etc.

Saiba que só tem valor com ordem
judicial, então não ofereça um serviço
que pode ser ilegal e o cliente achar
que você tem obrigação de cumprir.

# E a diária do detetive?

Cada pessoa pode fazer seu preço.

Para seu trabalho sair com excelência, saiba calcular uma diária decente que é em média 108% o valor do salário mínimo vigente no Brasil.

Se você é iniciante.

Se você não é iniciante, pode calcular dentro de seu conhecimento para cada caso.

# E se eu não souber dirigir carro ou moto?

Sem problemas, se você souber trabalhar, encontrará parcerias que irão te ajudar.

É claro que quanto mais você se habilitar em diversas questões, poderá ter mais autonomia.

É importante frisar que em minhas maiores descobertas investigativas, foram conseguidas de forma bem pacífica e na  diplomacia.

Essa coisa de perseguir e receber multas em rodovias são mais importantes para o cinema.

# E o porte de armas o detetive pode ter?

Porte de armas é um direito do cidadão brasileiro. Se você é acima de 25 anos e quer comprar uma arma e fazer o uso para sua vida, procure uma escola de tiro, faça seu pedido na policia federal, independente de sua profissão.

Se você vai conseguir, não posso lhe dizer, vai depender de sua entrevista, de seu histórico, de suas habilidades físicas.

# Tenho que alugar uma sala?

Não precisa, você pode fazer parcerias com escritórios de Direito ou de outros serviços, sublocar um tempo.

Existem clientes que marcam encontros em cafés, saiba resolver dentro de seu profissionalismo.

O importante é você saber fazer bem o orçamento e logo após o contrato de prestação de serviços.

# Qual o critério de cobrança?

O critério de cobrança é 50 % (cinquenta por cento)  para iniciar o serviço.

Ao final, com recibo das provas, recebe-se os outros restantes.

Existem pessoas que pagam com cartão de crédito, como fazer?

Cobrar em duas vezes.

Se seu cliente não tem limite para pagar pelo cartão, peça que lhe faça uma transferência bancária.

# Seus serviços são particulares, devem ser pagos.

Existem clientes com personalidade forte e que acham que o detetive particular é seu escravo.

Seja bastante claro e informe ao seu cliente que caso ele esteja necessitando daquela informação para algo muito grave, que procure a defensoria pública e que o serviço público irá auxiliá-lo.

É importante levar sua profissão sem se tornar um promovedor de gratuidade.

# Sendo eu detetive privado, posso ajudar a algumas pessoas com gratuidade?

Claro que pode você pode prestar serviços a ONGs, uma vez por semana, em casos que necessite de uma investigação.

Tenha sempre claro em sua vida, nada de fazer 90% (noventa por cento de gratuidade).

Faça até 20% (vinte por cento).

É como um dízimo.

Existem pessoas que precisam de apoio e ajuda, junte-se a grupos decentes de profissionais como, assistentes sociais delegados, procure o Ministério Público, e fundamente-se.


Não faça se não souber fazer.

Este livro é para você ter noção se vai querer ser ou não um detetive profissional privado.

# Jéssica Jones

Sabe pessoal, não ganhei nada dos estúdios Marvel, porém recomendo o seriado Jéssica Jones, pois é um norte da relação com grandes escritórios de advocacia e a decadência de traições e surtos que podem acontecer.

É claro que cada caso é um caso, e não leve em conta as extrapolares do seriado.

Como se auto preservar e não cair em vícios que possam te dar um final ruim.

Saber que por mais experiente que você possa ser, sempre poderá estar vulnerável.

# Mulheres detetives no mundo

Kate Warne foi a primeira detetive do sexo feminino de que se tem notícia. Ela foi contratada em 1856 pelos Pinkerton para resolver um caso e foi tão bem que fez carreira. Inclusive, foi chefe da divisão feminina da agência dos Pinkerton. Ela trabalhou em centenas de casos e dizem que era ótima quando precisava se disfarçar. Infelizmente, adoeceu misteriosamente aos 35 anos e nunca mais se recuperou. Quando ela morreu, Allan Pinkerton até entrou em depressão.

# Destacando Detetive mulher no Brasil

Em termos de Brasil a detetive Angela, (Maria Angeles Bekereedjian) é a mais velha profissional  listada.

Já falecida, porém com uma média de sete mil casos resolvidos.

Atualmente temos uma leva de maravilhosos e competentes detetives, com estudo superior em diversas áreas e também agora muitas concluindo a graduação de Detetive Profissional Privado.

# O que preciso para ter sucesso na profissão de detetive Particular?

A profissão é adorável se você quer de fato se entregar.

Estude sempre, mantenha-se atualizado, saiba ouvir sempre mais e absorver o que ouviu para depois tirar conclusões.

Não desmereça sua personalidade, as vezes precisamos nos colocar diante de situações, como em qualquer situação da vida.

Tenha autoconfiança, não aceite humilhações de outros profissionais.

Seja educado com as autoridades policiais e jurídicas ou consulares, e saiba usar seu argumento.

Entenda que o profissional  honesto sempre estará bem quando falar de seus afazeres.

Um bom detetive precisa estudar e aprender como lidar com diversas culturas.

Serviços nunca faltam, basta o profissional estar sempre atuando com honestidade e honradez.

Nós incentivamos nossos alunos a aprender ao menos mais dois idiomas além  da nossa língua.

Existem também as línguas nativas no Brasil, onde um bom investigador de crimes ambientais pode aprender e atuar com louvor pois é necessário para trabalhar  em ongs, nacionais e internacionais.

# Políticas da profissão

Existem muitos profissionais que querem melhorar a profissão e outros que costumam criar ilusões.

Observe e saiba diferenciar.

Tenha amizade por quem lhe é fiel e afaste-se daqueles que são aproveitadores.

Isto não acontece apenas na profissão de detetive particular e sim em todas as áreas.

Se por um momento você se tornar
detetive profissional privado, poderá
ocupar cargos e já sabe, sua vida será
varrida.

# Detetive pode ter rede social?

Claro que pode.

Acontece que cada pessoa sabe onde a correia aperta.

Eu Sophye, já não atuo diretamente tenho meus assistentes, por isso minha rede social é normal.

Agora se você está querendo ser detetive, pode fechar mais sua rede, não deixa-la pública.

Claro que pode criar um perfil empresarial público e preservar o de sua família.

# Ter paciência

A famosa campana é um exercício de paciência.

Se o detetive vai para uma campana sem paciência ou pensando no jantar, esquece você não nasceu para esta profissão.

# Todo detetive perde a paciência?

Claro que sim, todo ser humano tem o direito de perder a paciência.

Como detetive já perdi muito a paciência com colaboradores  que não traziam o serviço ou não tinham pontualidade.

Já fiquei sem receber  os outros 50%, já chorei de raiva.

Já briguei publicamente com colegas
competentes, porém que naquele
momento estavam zombando de minha
pessoa.

Então pessoal é uma profissão normal.

Claro que com o tempo nós vamos
aprendendo a moldar.

E aprendi muito com pessoas que se
fizeram de boazinha e levaram clientes
e não souberam  fazer o trabalho e o
cliente retornou e informou tudo.

# Detetive é vigilante?

Não, são duas categorias completamente importantes porém diferentes.

Você pode estudar e ser profissional das duas áreas.

O vigilante é ostensivo e o detetive é mais metódico-cientifico.

# Equipamentos, como comprar?

Ser detetive não significa ter autonomia para fazer as coisas.

Tem muitos profissionais que prometem drone e chips  rastreadores e outros equipamentos para seguir etc.

Tudo isso precisa de autorização.

Se você for fazer algum trabalho com drone, precisa de um profissional autorizado para tal.

Tudo precisa ser feito com as devidas autorizações.

Filmagens possuem direitos autorais e então aprenda a lidar com a lei.

# Como lidar com o cliente?

Leia tudo sobre comportamento corporal, faça aulas de dança, aprenda interpretar, trabalhe sua  voz diante do espelho.

Cante em outros idiomas, faça uma mascara e saia na rua para saber se será reconhecido.

É maravilhoso.

Aprimore-se.

Aprenda a espremer laranjas, e a
montar lanches.

Aprenda a limpar lugares e abastecer
carros.

São funções importantes para treinar
sua destreza com clientes e pessoas.

Estude vocabulários diferentes.

# O Detetive e as traições

Continuo dizendo que em todas as profissões existem os traidores, os propagadores de informações falsas.

Comunique sempre ao conselho de sua confiança  sobre práticas ilícitas de detetives ou pseudo detetives.

Sempre criar seu nome de guerra para impor sua personalidade.

E sempre se perguntar uma coisa:

Em quem confiar?

Resposta:

Em ninguém.

Cuidado sempre.

# Ser detetive é cuidar de seus objetos

Tenha certeza de que em muitos momentos vão tentar te puxar o tapete.

Tenha cautela, saiba que seu cliente está opondo-se a alguém e isto poderá te trazer desfavores.

Tome muito cuidado em seus laudos.

Saiba lidar com a gravidade das situações.

Mantenha sua família fora da linha de fogo se puder.

Ao comparecer em conferencias  preste a atenção e não saia comendo e bebendo  o que lhe derem.

" O peixe se perde pela boca".


Se este livro trouxe a você o desejo de
tornar-se um detetive, sugiro que
busque um curso.


Aprenda e explore conhecimento.

Busque estágios, não considere
nenhum detetive o certinho.

Vá fazendo sua parte.

Saiba contar com a cautela e busca dos
dados pelos quais foi contratado.

# Advogados e detetives

Particularmente, sempre tive uma boa dinâmica com muitos escritório de direito.

Já cheguei a prestar serviços a 16 dezesseis escritórios por esta américa.

Falando de Rio de Janeiro, apesar de ser minha cidade, prestei pouco serviço em escritório de advocacia.

Porém  tem sempre trabalho, e deixo
sempre claro que detetive não é
despachante.




Nos Estados  Unidos da América, é
mais límpida a dinâmica entre detetives
e escritórios de direito.

# Qual a diferença entre escritório de Direito e advogados?

Os escritórios são redes regionais, nacionais e internacionais de processos diversos.

Trabalhar para tais empresas são experiências únicas e de grande aprimoramento.

É lícito também prestar serviços a escritório menores e a advogados autônomos, porém você ficará mais limitado.

E quem é detetive Sophye?

Sou detetive e terapeuta, atuando desde 1990, vivendo da profissão de detetive particular até o período de 2007, após esta data com outras formações pude conciliar a profissão.

Sempre sendo de cunho especial a função de detetive, atuando como instrutora e fazendo diversos cursos de aperfeiçoamento para melhor servir aos escritórios de direito ou agencias nacionais e internacionais que me contrataram.

É muito importante manter-se honesta
e humilde quanto maior for a missão.

Saber lidar com todo o contexto das
missões a nós enviadas para podermos
elucidar com louvor e sigilo.

Minha área é bastante longa.

Uma área pela qual fiz pouca atuação
foi conjugal.

Levantamento de provas  ambientais,
levantamento de provas contra
magistrados, levantamento de provas
trabalhistas empresas, provas para
elucidar roubos em empresas, falsidade
ideológica.


Pré- nupcial, confissão, veracidade
acadêmica, roubos de veículos, roubos
de produtos agrícolas, falsas licenças, e
muitas defraudações, e nesses  trinta
anos, passei pela experiência de
abordagens policiais, e hoje tenho
limpidez dentro de muitas delegacias
no Brasil.

Assédio escolar, assédio moral no
trabalho.

Desaparecimentos de pessoas.

Tráfico humano.

# Como deve ser o escritório do detetive privado?

Particularmente, se você dispõe de uma verba, alugue uma sala onde possa ter uma secretária, e que você desfrute de uma pequena sala para atender o cliente.

É sempre bom ter um banheiro exclusivo, limpo e organizado.

Faça seu CNPJ e também organize sua licença de funcionamento junto a prefeitura.

Hoje se você vai iniciar com um saldo pequeno, pode fazer um MEI, vai investir menos de mil reais.

# Como fazer seu atendimento?

Sei que muitos detetives, que nos acompanha, não possuem segurança pessoal para os seus primeiros atendimentos.

Não necessariamente você precisa ter um escritório, pode ser feito o atendimento em um local público, de forma discreta.

O que é importante na dinâmica do negócio é o atendimento e o contrato.

Já fizemos vários cursos com diversos contratos.

É certo informar que avaliar seu contrato é fato imprescindível.

Existem detetives que invadem a privacidade de pessoas cometendo crimes e acha que não é crime, pois fez um contrato dando total responsabilidade ao cliente.

Então, saiba que apenas com ordem judicial pode-se abrir a privacidade de uma pessoa.

# Escolha um curso legal.

 Caso você queira se tornar um detetive profissional privado, faça buscas dos cursos iniciais, para que você não invista seu dinheiro em algo que não vai te fazer crescer.

Indico que você faça um curso livre primeiro para ter certeza, insisto nisso.

A profissão é muito bonita na Tv e nos cinemas, porém não é tão simples.

Claro que se você vai fazer a graduação, é inovador, porém saiba ao certo se você terá de fato um mercado que vai absorver esta graduação.

Pois hoje em dia, devemos ter certeza de que nosso investimento irá transformar nossa vida profissional ou apenas fará algumas instituições mais ricas.

# Seja funcional

Tenha uma internet  decente e vista-se com coerência, mantenha sua secretária ou secretário discreto.

Atender clientes de investigação é algo importante.

Saber ouvir por um tempo e depois informar o que se deve proceder.

Jamais se esquecer de fazer anotações importantes.

# Bônus do sobre o uso de armas no Brasil

DECRETO Nº 9.847, DE 25 DE JUNHO DE 2019

Regulamenta a Lei nº 10.826, de 22 de dezembro de 2003, para dispor sobre a aquisição, o cadastro, o registro, o porte e a comercialização de armas de fogo e de munição e sobre o Sistema Nacional de Armas e o Sistema de Gerenciamento Militar de Armas.

O PRESIDENTE DA REPÚBLICA, no uso da atribuição que lhe confere o art. 84, caput, inciso IV, da Constituição, e tendo em vista o disposto na Lei nº 10.826, de 22 de dezembro de 2003,

DECRETA:

CAPÍTULO I

DISPOSIÇÕES GERAIS

Art. 1º  Este Decreto regulamenta a Lei nº 10.826, de
22 de dezembro de 2003, com o objetivo de
estabelecer regras e procedimentos para a aquisição, o
cadastro, o registro, o porte e a comercialização de
armas de fogo e de munição e de dispor sobre a
estruturação do Sistema Nacional de Armas - Sinarm e
do Sistema de Gerenciamento Militar de Armas -
Sigma.

Art. 2º  Para fins do disposto neste Decreto, considera-
se:

I - arma de fogo de uso permitido - as armas de fogo
semiautomáticas ou de repetição que sejam:

a) de porte, cujo calibre nominal, com a utilização de
munição comum, não atinja, na saída do cano de prova,
energia cinética superior a mil e duzentas libras-pé ou
mil seiscentos e vinte joules;

b) portáteis de alma lisa; ou

c) portáteis de alma raiada, cujo calibre nominal, com a
utilização de munição comum, não atinja, na saída do

cano de prova, energia cinética superior a mil e
duzentas libras-pé ou mil seiscentos e vinte joules;

II - arma de fogo de uso restrito - as armas de fogo
automáticas, semiautomáticas ou de repetição que
sejam:

II - arma de fogo de uso restrito - as armas de fogo
automáticas e as semiautomáticas ou de repetição que
sejam:   (Redação dada pelo Decreto nº 9.981, de
2019)

a) não portáteis;

b) de porte, cujo calibre nominal, com a utilização de
munição comum, atinja, na saída do cano de prova,
energia cinética superior a mil e duzentas libras-pé ou
mil seiscentos e vinte joules; ou

c) portáteis de alma raiada, cujo calibre nominal, com a
utilização de munição comum, atinja, na saída do cano
de prova, energia cinética superior a mil e duzentas
libras-pé ou mil seiscentos e vinte joules;

III - arma de fogo de uso proibido:

a) as armas de fogo classificadas de uso proibido em acordos e tratados internacionais dos quais a República Federativa do Brasil seja signatária; ou

b) as armas de fogo dissimuladas, com aparência de objetos inofensivos;

IV - munição de uso restrito - as munições que:

a) atinjam, na saída do cano de prova de armas de porte ou portáteis de alma raiada, energia cinética superior a mil e duzentas libras-pé ou mil seiscentos e vinte joules;

b) sejam traçantes, perfurantes ou fumígenas;

c) sejam granadas de obuseiro, de canhão, de morteiro, de mão ou de bocal; ou

d) sejam rojões, foguetes, mísseis ou bombas de qualquer natureza;

V - munição de uso proibido - as munições que sejam
assim definidas em acordo ou tratado internacional de
que a República Federativa do Brasil seja signatária e
as munições incendiárias ou químicas;

VI - arma de fogo obsoleta - as armas de fogo que não
se prestam ao uso efetivo em caráter permanente, em
razão de:

a) sua munição e seus elementos de munição não
serem mais produzidos; ou

b) sua produção ou seu modelo ser muito antigo e fora
de uso, caracterizada como relíquia ou peça de coleção
inerte;

VII - arma de fogo de porte - as armas de fogo de
dimensões e peso reduzidos que podem ser disparadas
pelo atirador com apenas uma de suas mãos, a
exemplo de pistolas, revólveres e garruchas;

VIII - arma de fogo portátil - as armas de fogo que,
devido às suas dimensões ou ao seu peso, podem ser
transportada por uma pessoa, tais como fuzil, carabina
e espingarda;

IX - arma de fogo não portátil - as armas de fogo que, devido às suas dimensões ou ao seu peso, precisam ser transportadas por mais de uma pessoa, com a utilização de veículos, automotores ou não, ou sejam fixadas em estruturas permanentes;


X - munição - cartucho completo ou seus componentes, incluídos o estojo, a espoleta, a carga propulsora, o projétil e a bucha utilizados em armas de fogo;


XI - cadastro de arma de fogo - inclusão da arma de fogo de produção nacional ou importada em banco de dados, com a descrição de suas características;


XII - registro - matrícula da arma de fogo que esteja vinculada à identificação do respectivo proprietário em banco de dados;


XIII - registros precários - dados referentes ao estoque de armas de fogo, acessórios e munições das empresas autorizadas a comercializá-los; e


XIV - registros próprios - aqueles realizados por órgãos, instituições e corporações em documentos oficiais de caráter permanente.

§ 1º  Fica proibida a produção de réplicas e simulacros
que possam ser confundidos com arma de fogo, nos
termos do disposto no art. 26 da Lei nº 10.826, de 2003,
que não sejam classificados como arma de pressão
nem destinados à instrução, ao adestramento, ou à
coleção de usuário autorizado.


§ 2º  O Comando do Exército estabelecerá os
parâmetros de aferição e a listagem dos calibres
nominais que se enquadrem nos limites estabelecidos
nos incisos I, II e IV do caput, no prazo de sessenta
dias, contado da data de publicação deste Decreto.


§ 3º  Ato conjunto do Ministro de Estado da Defesa e do
Ministro de Estado da Justiça e Segurança Pública
estabelecerá as quantidades de munições passíveis de
aquisição pelas pessoas físicas autorizadas a adquirir
ou portar arma de fogo e pelos integrantes dos órgãos
e das instituições a que se referem os incisos I a VII e X
do caput do art. 6º da Lei nº 10.826, de 2003,
observada a legislação, no prazo de sessenta dias,
contado da data de publicação do Decreto nº 10.030,
de 30 de setembro de 2019.   (Incluído pelo Decreto nº
10.030, de 2019)


CAPÍTULO II

DOS SISTEMAS DE CONTROLE DE ARMAS DE
FOGO


Seção I


Do Sistema Nacional de Armas


Art. 3º  O Sinarm, instituído no âmbito da Polícia
Federal do Ministério da Justiça e Segurança Pública,
manterá cadastro nacional, das armas de fogo
importadas, produzidas e comercializadas no País.


§ 1º  A Polícia Federal manterá o registro de armas de
fogo de competência do Sinarm.


§ 2º  Serão cadastrados no Sinarm:


I - os armeiros em atividade no País e as respectivas
licenças para o exercício da atividade profissional;


II - os produtores, os atacadistas, os varejistas, os
exportadores e os importadores autorizados de armas
de fogo, acessórios e munições;

III - os instrutores de armamento e de tiro credenciados para a aplicação de teste de capacidade técnica, ainda que digam respeito a arma de fogo de uso restrito; e

IV - os psicólogos credenciados para a aplicação do exame de aptidão psicológica a que se refere o inciso III do caput do art. 4º da Lei nº 10.826, de 2003.

§ 3º  Serão cadastradas no Sinarm as armas de fogo:

I - importadas, produzidas e comercializadas no País, de uso permitido ou restrito, exceto aquelas pertencentes às Forças Armadas e Auxiliares, ao Gabinete de Segurança Institucional da Presidência da República e à Agência Brasileira de Inteligência;

II - apreendidas, ainda que não constem dos cadastros do Sinarm ou do Sigma, incluídas aquelas vinculadas a procedimentos policiais e judiciais;

III - institucionais, observado o disposto no inciso I, constantes de cadastros próprios:

a) da Polícia Federal;

b) da Polícia Rodoviária Federal;

c) da Força Nacional de Segurança Pública;

d) do Departamento Penitenciário Nacional;

e) das polícias civis dos Estados e do Distrito Federal;

f) dos órgãos policiais da Câmara dos Deputados e do Senado Federal, a que se referem, respectivamente, o inciso IV do caput do art. 51 e o inciso XIII do caput do art. 52 da Constituição;

g) das guardas municipais;

h) dos órgãos públicos aos quais sejam vinculados os agentes e os guardas prisionais e os integrantes das escoltas de presos dos Estados e das guardas portuárias;

i) dos órgãos do Poder Judiciário, para uso exclusivo de servidores de seus quadros pessoais que efetivamente estejam no exercício de funções de segurança, na forma do regulamento estabelecido pelo Conselho Nacional de Justiça;

j) dos órgãos dos Ministérios Públicos da União, dos Estados e do Distrito Federal e Territórios, para uso exclusivo de servidores de seus quadros pessoais que efetivamente estejam no exercício de funções de segurança, na forma do regulamento estabelecido pelo Conselho Nacional do Ministério Público;

k) da Secretaria Especial da Receita Federal do Brasil do Ministério da Economia, adquiridas para uso dos integrantes da Carreira de Auditoria da Receita Federal do Brasil, compostos pelos cargos de Auditor-Fiscal e Analista-Tributário;

l) do órgão ao qual se vincula a Carreira de Auditoria-Fiscal do Trabalho, adquiridas para uso de seus integrantes;

m) dos órgãos públicos cujos servidores tenham autorização, concedida por legislação específica, para portar arma de fogo em serviço e que não tenham sido mencionados nas alíneas "a" a "l"; e

n) do Poder Judiciário e do Ministério Público, adquiridas para uso de seus membros;

IV - dos integrantes:

a) da Polícia Federal;

b) da Polícia Rodoviária Federal;

c) do Departamento Penitenciário Nacional;

d) das polícias civis dos Estados e do Distrito Federal;

e) dos órgãos policiais da Câmara dos Deputados e do Senado Federal, a que se referem, respectivamente, o inciso IV do caput do art. 51 e o inciso XIII do caput do art. 52 da Constituição;

f) das guardas municipais;

g) dos quadros efetivos dos agentes e guardas prisionais, das escoltas de presos dos Estados e das guardas portuárias;

h) do quadro efetivo dos órgãos do Poder Judiciário que efetivamente estejam no exercício de funções de segurança, na forma do regulamento estabelecido pelo Conselho Nacional de Justiça;

i) do quadro efetivo dos órgãos dos Ministérios Públicos da União, dos Estados e do Distrito Federal e Territórios que efetivamente estejam no exercício de funções de segurança, na forma do regulamento estabelecido pelo Conselho Nacional do Ministério Público;

j) dos quadros efetivos da Carreira de Auditoria da Receita Federal do Brasil da Secretaria Especial da Receita Federal do Brasil do Ministério da Economia, composta pelos cargos de Auditor-Fiscal e Analista-Tributário, e da Carreira de Auditoria-Fiscal do Trabalho;

k) dos quadros efetivos dos órgãos públicos cujos servidores tenham autorização, concedida por legislação específica, para portar arma de fogo em serviço e que não tenham sido mencionados nas alíneas "a" a "j";

l) dos membros do Poder Judiciário e do Ministério Público; e


m) das empresas de segurança privada e de transporte de valores;


V - dos instrutores de armamento e tiro credenciados pela Polícia Federal; e


VI - adquiridas por qualquer cidadão autorizado na forma do disposto no § 1º do art. 4º da Lei nº 10.826, de 2003.


§ 4º  O disposto no inciso III ao inciso V do § 3º aplica-se às armas de fogo de uso restrito.


§ 5º  O cadastramento de armas de fogo adulteradas, sem numeração ou com numeração raspada será feito no Sinarm com as características que permitam a sua identificação.


§ 6º  Serão, ainda, cadastradas no Sinarm as ocorrências de extravio, furto, roubo, recuperação e

apreensão de armas de fogo de uso permitido ou
restrito.

§ 7º  As ocorrências de extravio, furto, roubo,
recuperação e apreensão de armas de fogo deverão
ser imediatamente comunicadas à Polícia Federal pela
autoridade competente e as armas de fogo recuperadas
ou apreendidas poderão ser recolhidas aos depósitos
do Comando do Exército para guarda.

§ 7º  As ocorrências de extravio, furto, roubo,
recuperação e apreensão de armas de fogo serão
imediatamente comunicadas à Polícia Federal pela
autoridade competente.   (Redação dada pelo Decreto
nº 10.030, de 2019)

§ 8º  A Polícia Federal deverá informar às secretarias
de segurança pública dos Estados e do Distrito Federal
os registros e as autorizações de porte de armas de
fogo existentes nos respectivos territórios.

§ 9º  A Polícia Federal poderá celebrar convênios com
os órgãos de segurança pública dos Estados e do
Distrito Federal para possibilitar a integração de seus
sistemas correlatos ao Sinarm.

§ 10.  As especificações e os procedimentos para o cadastro das armas de fogo de que trata este artigo serão estabelecidos em ato do Diretor-Geral da Polícia Federal.

§ 11.  O registro e o cadastro das armas de fogo a que se refere o inciso II do § 3º serão feitos por meio de comunicação das autoridades competentes à Polícia Federal.

§ 12.  Sem prejuízo do disposto neste artigo, as unidades de criminalística da União, dos Estados e do Distrito Federal responsáveis por realizar perícia em armas de fogo apreendidas deverão encaminhar, trimestralmente, arquivo eletrônico com a relação das armas de fogo periciadas para cadastro e eventuais correções no Sinarm, na forma estabelecida em ato do Diretor-Geral da Polícia Federal.

Seção II

Do Sistema de Gerenciamento Militar de Armas

Art. 4º  O Sigma, instituído no âmbito do Comando do Exército do Ministério da Defesa, manterá cadastro nacional das armas de fogo importadas, produzidas e comercializadas no País que não estejam previstas no art. 3º.

§ 1º  O Comando do Exército manterá o registro de proprietários de armas de fogo de competência do Sigma.

§ 2º  Serão cadastradas no Sigma as armas de fogo:

I - institucionais, constantes de registros próprios:

a) das Forças Armadas;

b) das polícias militares e dos corpos de bombeiros militares dos Estados e do Distrito Federal;

c) da Agência Brasileira de Inteligência; e

d) do Gabinete de Segurança Institucional da Presidência da República;

II - dos integrantes:

a) das Forças Armadas;

b) das polícias militares e dos corpos de bombeiros militares dos Estados e do Distrito Federal;

c) da Agência Brasileira de Inteligência; e

d) do Gabinete de Segurança Institucional da Presidência da República;

III - obsoletas;

IV - das representações diplomáticas; e

V - importadas ou adquiridas no País com a finalidade de servir como instrumento para a realização de testes e avaliações técnicas.

§ 3º  O disposto no § 2º aplica-se às armas de fogo de uso permitido.

§ 4º  Serão, ainda, cadastradas no Sigma as informações relativas às importações e às exportações de armas de fogo, munições e demais produtos controlados.

§ 5º  Os processos de autorização para aquisição, registro e cadastro de armas de fogo no Sigma tramitarão de maneira descentralizada, na forma estabelecida em ato do Comandante do Exército.

Seção III

Do cadastro e da gestão dos Sistemas

Art. 5º  O Sinarm e o Sigma conterão, no mínimo, as seguintes informações, para fins de cadastro e de registro das armas de fogo, conforme o caso:

I - relativas à arma de fogo:

a) o número do cadastro no Sinarm ou no Sigma, conforme o caso;

b) a identificação do produtor e do vendedor;

c) o número e a data da nota fiscal de venda;

d) a espécie, a marca e o modelo;

e) o calibre e a capacidade dos cartuchos;

f) a forma de funcionamento;

g) a quantidade de canos e o comprimento;

h) o tipo de alma, lisa ou raiada;

i) a quantidade de raias e o sentido delas;

j) o número de série gravado no cano da arma de fogo;
e

k) a identificação do cano da arma de fogo, as características das impressões de raiamento e de microestriamento do projétil disparado; e

II - relativas ao proprietário:

a) o nome, a filiação, a data e o local de nascimento;

b) o domicílio e o endereço residencial;

c) o endereço da empresa ou do órgão em que trabalhe;

d) a profissão;

e) o número da cédula de identidade, a data de expedição, o órgão e o ente federativo expedidor; e

f) o número de inscrição no Cadastro de Pessoas Físicas - CPF ou no Cadastro Nacional da Pessoa Jurídica - CNPJ.

§ 1º  Os produtores e os importadores de armas de fogo informarão à Polícia Federal, no prazo de quarenta e oito horas, para fins de cadastro no Sinarm, quando da saída do estoque, relação das armas produzidas e importadas, com as informações a que se refere o inciso I do caput e os dados dos adquirentes.

§ 2º  As empresas autorizadas pelo Comando do Exército a comercializar armas de fogo, munições e acessórios encaminharão as informações a que se referem os incisos I e II do caput à Polícia Federal ou ao Comando do Exército, para fins de cadastro e registro da arma de fogo, da munição ou do acessório no Sinarm ou no Sigma, conforme o caso, no prazo de quarenta e oito horas, contado da data de efetivação da venda.

§ 3º  Os adquirentes informarão a aquisição de armas de fogo, munições ou acessórios à Polícia Federal ou ao Comando do Exército, para fins de registro da arma de fogo, da munição ou do acessório no Sinarm ou no Sigma, conforme o caso, no prazo de sete dias úteis, contado da data de sua aquisição, com as seguintes informações:

I - a identificação do produtor, do importador ou do comerciante de quem as armas de fogo, as munições e os acessórios tenham sido adquiridos; e

II - o endereço em que serão armazenadas as armas de fogo, as munições e os acessórios adquiridos.


§ 4º  Na hipótese de estarem relacionados a integrantes da Agência Brasileira de Inteligência, o cadastro e o registro das armas de fogo, das munições e dos acessórios no Sigma estarão restritos ao número da matrícula funcional, no que se refere à qualificação pessoal, inclusive nas operações de compra e venda e nas ocorrências de extravio, furto, roubo ou recuperação de arma de fogo ou de seus documentos.


§ 5º  Fica vedado o registro ou a renovação de registro de armas de fogo adulteradas, sem numeração ou com numeração raspada.


§ 6º  Os dados necessários ao cadastro das informações a que se refere a alínea "k" do inciso I do caput serão enviados ao Sinarm ou ao Sigma, conforme o caso:


I - pelo produtor, conforme marcação e testes por ele realizados; ou

II - pelo importador, conforme marcação e testes realizados, de acordo com padrões internacionais, pelo produtor ou por instituição por ele contratada.

Art. 6º  As regras referentes ao credenciamento e à fiscalização de psicólogos, instrutores de tiro e armeiros serão estabelecidas em ato do Diretor-Geral da Polícia Federal.

Art. 7º  O Comando do Exército fornecerá à Polícia Federal as informações necessárias ao cadastramento dos produtores, atacadistas, varejistas, exportadores e importadores autorizados de arma de fogo, acessórios e munições do País.

Art. 8º  Os dados do Sinarm e do Sigma serão compartilhados entre si e com o Sistema Nacional de Informações de Segurança Pública - Sinesp.

Parágrafo único.  Ato conjunto do Diretor-Geral da Polícia Federal e do Comandante do Exército estabelecerá as regras para interoperabilidade e compartilhamento dos dados existentes no Sinarm e no Sigma, no prazo de um ano, contado da data de entrada em vigor deste Decreto.

Art. 9º  Fica permitida a venda de armas de fogo de
porte e portáteis, munições e acessórios por
estabelecimento comercial credenciado pelo Comando
do Exército.


Art. 10.  Os estabelecimentos que comercializarem
armas de fogo, munições e acessórios ficam obrigados
a comunicar, mensalmente, à Polícia Federal ou ao
Comando do Exército, conforme o caso, as vendas que
efetuarem e a quantidade de mercadorias disponíveis
em estoque.


§ 1º  As mercadorias disponíveis em estoque são de
responsabilidade do estabelecimento comercial e serão
registradas, de forma precária, como de sua
propriedade, enquanto não forem vendidas.


§ 2º  Os estabelecimentos a que se refere o caput
manterão à disposição da Polícia Federal e do
Comando do Exército a relação dos estoques e das
vendas efetuadas mensalmente nos últimos cinco anos.


§ 3º  Os procedimentos e a forma pela qual será
efetivada a comunicação a que se refere o caput serão
disciplinados em ato do Comandante do Exército ou do
Diretor-Geral da Polícia Federal, conforme o caso.

Art. 11.  A comercialização de armas de fogo, de
acessórios, de munições e de insumos para recarga só
poderá ser efetuada em estabelecimento comercial
credenciado pelo Comando do Exército.


Art. 12.  Para fins de aquisição de arma de fogo de uso
permitido e de emissão do Certificado de Registro de
Arma de Fogo, o interessado deverá:


I - ter, no mínimo, vinte e cinco anos de idade;


II - apresentar original e cópia de documento de
identificação pessoal;


III - comprovar a idoneidade moral e a inexistência de
inquérito policial ou processo criminal, por meio de
certidões de antecedentes criminais das Justiças
Federal, Estadual, Militar e Eleitoral;


IV - apresentar documento comprobatório de ocupação
lícita e de residência fixa;


V - comprovar, periodicamente, a capacidade técnica
para o manuseio da arma de fogo; e

VI - comprovar a aptidão psicológica para o manuseio
de arma de fogo, atestada em laudo conclusivo
fornecido por psicólogo credenciado pela Polícia
Federal.


§ 1º  O indeferimento do pedido para aquisição a que
se refere o caput será comunicado ao interessado em
documento próprio e apenas poderá ter como
fundamento:


I - a comprovação documental de que:


a) o interessado instruiu o pedido com declarações ou
documentos falsos; ou


b) o interessado mantém vínculo com grupos
criminosos ou age como pessoa interposta de quem
não preenche os requisitos a que se referem os incisos
I a VI do caput;


II - o interessado não ter a idade mínima exigida no
inciso I do caput; ou

III - a não apresentação de um ou mais documentos a que se referem o inciso III ao inciso VI do caput.

§ 2º  Serão exigidas as certidões de antecedentes a que se refere o inciso III do caput apenas do local de domicílio do requerente, que apresentará declaração de inexistência de inquéritos policiais ou processos criminais contra si em trâmite nos demais entes federativos.

§ 3º  O comprovante de capacidade técnica de que trata o inciso V do caput deverá ser expedido por instrutor de armamento e de tiro credenciado pela Polícia Federal no Sinarm e deverá atestar, necessariamente:

I - conhecimento da conceituação e das normas de segurança relativas a arma de fogo;

II - conhecimento básico dos componentes e das partes da arma de fogo para a qual foi requerida a autorização de aquisição; e

III - habilidade no uso da arma de fogo demonstrada pelo interessado em estande de tiro credenciado pelo Comando do Exército ou pela Polícia Federal.

§ 4º  Cumpridos os requisitos a que se refere o caput,
será expedida pelo Sinarm, no prazo de até trinta dias,
contado da data do protocolo da solicitação, a
autorização para a aquisição da arma de fogo em nome
do interessado.

§ 5º  É pessoal e intransferível a autorização para a
aquisição da arma de fogo de que trata o § 4º.

§ 6º  Fica dispensado da comprovação de cumprimento
dos requisitos a que se referem os incisos V e VI do
caput o interessado em adquirir arma de fogo que:

I - comprove estar autorizado a portar arma de fogo da
mesma espécie daquela a ser adquirida, desde que o
porte de arma de fogo esteja válido; e

II - tenha se submetido às avaliações técnica e
psicológica no prazo estabelecido para obtenção ou
manutenção do porte de arma de fogo.

§ 7º  Para fins de aquisição de arma de fogo de uso
restrito, o interessado deverá solicitar autorização
prévia ao Comando do Exército.

§ 8º  O disposto no § 7º se aplica às aquisições de munições e acessórios das armas de uso restrito adquiridas.


§ 9º  O disposto no § 7º não se aplica aos Comandos Militares, nos termos do disposto no parágrafo único do art. 27 da Lei nº 10.826, de 2003.


§ 10.  O certificado de registro concedido às pessoas jurídicas que comercializem ou produzam armas de fogo, munições e acessórios e aos clubes e às escolas de tiro, expedido pelo Comando do Exército, terá validade de dez anos.


§ 11.  Os requisitos de que tratam os incisos IV, V e VI do caput serão comprovados, periodicamente, a cada dez anos, junto à Polícia Federal, para fins de renovação do Certificado de Registro.  (Incluído pelo Decreto nº 10.030, de 2019)


§ 12.  Os integrantes das Forças Armadas, das polícias federais, estaduais e do Distrito Federal e os militares dos Estados e do Distrito Federal, ao adquirirem arma de fogo de uso permitido ou restrito ou renovarem o Certificado de Registro, ficam dispensados do cumprimento dos requisitos de que tratam os incisos I,

III, IV, V e VI do caput.   (Incluído pelo Decreto nº
10.030, de 2019)


§ 13.  Os integrantes das entidades de que tratam os
incisos I, II, III, V, VI, VII e X do caput do art. 6º da Lei
nº 10.826, de 2003, ficam dispensados do cumprimento
do requisito de que trata o inciso I do caput deste artigo.
(Incluído pelo Decreto nº 10.030, de 2019)


Art. 13.  O proprietário de arma de fogo fica obrigado a
comunicar, imediatamente, à polícia judiciária e ao
Sinarm, o extravio, o furto, o roubo e a recuperação de
arma de fogo ou do Certificado de Registro de Arma de
Fogo.


§ 1º  A polícia judiciária remeterá, no prazo de quarenta
e oito horas, contado da data de recebimento da
comunicação, as informações coletadas à Polícia
Federal ou ao Comando do Exército, para fins de
cadastro no Sinarm.


§ 2º  Na hipótese de arma de fogo de uso restrito, a
Polícia Federal encaminhará as informações ao
Comando do Exército, para fins de cadastro no Sigma.

§ 3º  Sem prejuízo do disposto no caput, o proprietário deverá, ainda, comunicar o ocorrido à Polícia Federal ou ao Comando do Exército, conforme o caso, e encaminhar-lhe cópia do boletim de ocorrência.

Art. 14.  Serão cassadas as autorizações de porte de arma de fogo do titular a que se referem o inciso VIII ao inciso XI do caput do art. 6º e o § 1º do art. 10 da Lei nº 10.826, de 2003, que esteja respondendo a inquérito ou a processo criminal por crime doloso.

§ 1º  Nas hipóteses de que trata o caput, o proprietário entregará a arma de fogo à Polícia Federal ou ao Comando do Exército, conforme o caso, mediante indenização na forma prevista no art. 48, ou providenciará a sua transferência para terceiro, no prazo de sessenta dias, contado da data da ciência do indiciamento ou do recebimento da denúncia ou da queixa pelo juiz.

§ 2º  A cassação a que se refere o caput será determinada a partir do indiciamento do investigado no inquérito policial ou do recebimento da denúncia ou queixa pelo juiz.

§ 3º  A autorização de posse e de porte de arma de fogo não será cancelada na hipótese de o proprietário de arma de fogo estar respondendo a inquérito ou ação

penal em razão da utilização da arma em estado de
necessidade, legítima defesa, em estrito cumprimento
do dever legal ou exercício regular de direito, exceto
nas hipóteses em que o juiz, convencido da
necessidade da medida, justificadamente determinar.

§ 4º  Na hipótese a que se refere o § 3º, a arma será
apreendida quando for necessário periciá-la e será
restituída ao proprietário após a realização da perícia
mediante assinatura de termo de compromisso e
responsabilidade, por meio do qual se comprometerá a
apresentar a arma de fogo perante a autoridade
competente sempre que assim for determinado.

§ 5º  O disposto neste artigo aplica-se a todas as armas
de fogo de propriedade do indiciado ou acusado.

§ 6º  A apreensão da arma de fogo é de
responsabilidade da polícia judiciária competente para
a investigação do crime que motivou a cassação.

Art. 15.  O porte de arma de fogo de uso permitido,
vinculado ao registro prévio da arma e ao cadastro no
Sinarm, será expedido pela Polícia Federal, no território
nacional, em caráter excepcional, desde que atendidos
os requisitos previstos nos incisos I, II e III do § 1º do
art. 10 da Lei nº 10.826, de 2003.

Parágrafo único.  A taxa estipulada para o porte de arma de fogo somente será recolhida após a análise e a aprovação dos documentos apresentados.

Art. 16.  O porte de arma de fogo é documento obrigatório para a condução da arma e deverá conter os seguintes dados:

I - abrangência territorial;

II - eficácia temporal;

III - características da arma;

IV - número do cadastro da arma no Sinarm;

V - identificação do proprietário da arma; e

VI - assinatura, cargo e função da autoridade concedente.

Art. 17.  O porte de arma de fogo é pessoal, intransferível e revogável a qualquer tempo e será válido apenas em relação à arma nele especificada e com a apresentação do documento de identificação do portador.

Art. 18.  Para portar a arma de fogo adquirida nos termos do disposto no § 6º do art. 12, o proprietário deverá solicitar a expedição do documento de porte, que observará o disposto no art. 16 e terá a mesma validade do documento referente à primeira arma.

Art. 19.  O titular do porte de arma de fogo deverá comunicar imediatamente:

I - a mudança de domicílio ao órgão expedidor do porte de arma de fogo; e

II - o extravio, o furto ou o roubo da arma de fogo, à unidade policial mais próxima e, posteriormente, à Polícia Federal.

Parágrafo único.  A inobservância ao disposto neste artigo implicará na suspensão do porte de arma de fogo por prazo a ser estipulado pela autoridade concedente.

Art. 20.  O titular de porte de arma de fogo para defesa
pessoal concedido nos termos do disposto no art. 10 da
Lei nº 10.826, de 2003, não poderá conduzi-la
ostensivamente ou com ela adentrar ou permanecer em
locais públicos, tais como igrejas, escolas, estádios
desportivos, clubes, agências bancárias ou outros
locais onde haja aglomeração de pessoas em
decorrência de eventos de qualquer natureza.

§ 1º  A inobservância ao disposto neste artigo implicará
na cassação do porte de arma de fogo e na apreensão
da arma, pela autoridade competente, que adotará as
medidas legais pertinentes.

§ 2º  Aplica-se o disposto no § 1º na hipótese de o
titular do porte de arma de fogo portar o armamento em
estado de embriaguez ou sob o efeito de drogas ou
medicamentos que provoquem alteração do
desempenho intelectual ou motor.

Art. 21.  Será concedido pela Polícia Federal, nos
termos do disposto no § 5º do art. 6º da Lei nº 10.826,
de 2003, o porte de arma de fogo, na categoria caçador
de subsistência, de uma arma portátil, de uso permitido,
de tiro simples, com um ou dois canos, de alma lisa e
de calibre igual ou inferior a dezesseis, desde que o
interessado comprove a efetiva necessidade em
requerimento ao qual deverão ser anexados os
seguintes documentos:

I - documento comprobatório de residência em área
rural ou certidão equivalente expedida por órgão
municipal;


II - original e cópia, ou cópia autenticada, do documento
de identificação pessoal; e


III - atestado de bons antecedentes.


Parágrafo único.  Aplicam-se ao portador do porte de
arma de fogo mencionado neste artigo as demais
obrigações estabelecidas neste Decreto.


Art. 22.  Observado o princípio da reciprocidade
previsto em convenções internacionais de que a
República Federativa do Brasil seja signatária, poderá
ser autorizado o porte de arma de fogo pela Polícia
Federal a diplomatas de missões diplomáticas e
consulares acreditadas junto ao Governo brasileiro, e a
agentes de segurança de dignitários estrangeiros
durante a permanência no País, independentemente
dos requisitos estabelecidos neste Decreto.

Art. 23.  Caberá à Polícia Federal estabelecer os procedimentos relativos à concessão e à renovação do porte de arma de fogo.

Art. 24.  O porte de arma de fogo é deferido aos militares das Forças Armadas, aos policiais federais, estaduais e distritais, civis e militares, aos corpos de bombeiros militares e aos policiais da Câmara dos Deputados e do Senado Federal em razão do desempenho de suas funções institucionais.

§ 1º  O porte de arma de fogo é garantido às praças das Forças Armadas com estabilidade de que trata a alínea "a" do inciso IV do caput do art. 50 da Lei nº 6.880, de 9 de dezembro de 1980 - Estatuto dos Militares.

§ 2º  A autorização do porte de arma de fogo para as praças sem estabilidade assegurada será regulamentada em ato do Comandante da Força correspondente.

§ 3º  Ato do Comandante da Força correspondente disporá sobre as hipóteses excecpcionais de suspensão, cassação e demais procedimentos relativos ao porte de arma de fogo de que trata este artigo.

§ 4º  Atos dos comandantes-gerais das corporações disporão sobre o porte de arma de fogo dos policiais militares e dos bombeiros militares.

§ 5º  Os integrantes das polícias civis estaduais e das Forças Auxiliares, quando no exercício de suas funções institucionais ou em trânsito, poderão portar arma de fogo fora do ente federativo em que atue, desde que expressamente autorizados pela instituição a que pertençam, por prazo determinado, conforme estabelecido em normas próprias.      (Revogado pelo Decreto nº 9.981, de 2019)

Art. 25.  A autorização para o porte de arma de fogo previsto em legislação própria, na forma prevista no caput do art. 6º da Lei nº 10.826, de 2003, fica condicionada ao atendimento dos requisitos previstos no inciso III do caput do art. 4º da referida Lei.

Art. 26.  Os órgãos, as instituições e as corporações a que se referem os incisos I, II, III, V, VI, VII e X do caput do art. 6º da Lei nº 10.826, de 2003, estabelecerão, em normas próprias, os procedimentos relativos às condições para a utilização das armas de fogo de sua propriedade, ainda que fora de serviço.

§ 1º  As instituições a que se referem o inciso IV do caput do art. 6º da Lei nº 10.826, de 2003, estabelecerão, em normas próprias, os procedimentos relativos às condições para a utilização, em serviço, das armas de fogo de sua propriedade.

§ 2º  As instituições, os órgãos e as corporações, ao definir os procedimentos a que se refere o caput, disciplinarão as normas gerais de uso de arma de fogo de sua propriedade, fora do serviço, quando se tratar de locais onde haja aglomeração de pessoas, em decorrência de evento de qualquer natureza, tais como no interior de igrejas, escolas, estádios desportivos e clubes, públicos e privados.

§ 3º  Os órgãos e as instituições que tenham os portes de arma de seus agentes públicos ou políticos estabelecidos em lei própria, na forma prevista no caput do art. 6º da Lei nº 10.826, de 2003, deverão encaminhar à Polícia Federal a relação das pessoas autorizadas a portar arma de fogo, observado, no que couber, o disposto no art. 20.

§ 4º  Não será concedida a autorização para o porte de arma de fogo de que trata o art. 15 a integrantes de órgãos, instituições e corporações não autorizados a portar arma de fogo fora de serviço, exceto se comprovarem o risco à sua integridade física, observado o disposto no art. 11 da Lei nº 10.826, de 2003.

§ 5º  O porte de que tratam os incisos V, VI e X do caput do art. 6º da Lei nº 10.826, de 2003, e aquele previsto em lei própria, na forma prevista no caput do art. 6º da Lei nº 10.826, de 2003, serão concedidos, exclusivamente, para defesa pessoal, hipótese em que será vedado aos seus titulares o porte ostensivo da arma de fogo.

§ 6º  A vedação prevista no § 5º não se aplica aos servidores designados para execução da atividade fiscalizatória do Instituto Brasileiro do Meio Ambiente e dos Recursos Naturais Renováveis - Ibama e do Instituto Chico Mendes de Conservação da Biodiversidade - Instituto Chico Mendes.

Art. 27.  Poderá ser autorizado, em casos excepcionais, pelo órgão competente, o uso, em serviço, de arma de fogo, de propriedade particular do integrante dos órgãos, das instituições ou das corporações a que se refere o inciso II caput do art. 6º da Lei nº 10.826, de 2003.

§ 1º  A autorização de que trata o caput será regulamentada em ato próprio do órgão, da instituição ou da corporação competente.

§ 2º  Na hipótese prevista neste artigo, a arma de fogo deverá ser sempre conduzida com o seu Certificado de Registro de Arma de Fogo.

Art. 28.  As armas de fogo particulares de que trata o art. 27 e as institucionais não brasonadas deverão ser conduzidas com o seu Certificado de Registro de Arma de Fogo ou com o termo de cautela decorrente de autorização judicial para uso, sob pena de aplicação das sanções penais cabíveis.

Art. 29.  A capacidade técnica e a aptidão psicológica para o manuseio de armas de fogo, para os integrantes das instituições a que se referem os incisos III, IV, V, VI, VII e X do caput do art. 6º da Lei nº 10.826, de 2003, serão atestadas pela própria instituição, depois de cumpridos os requisitos técnicos e psicológicos estabelecidos pela Polícia Federal.

Parágrafo único.  Caberá à Polícia Federal expedir o porte de arma de fogo para os guardas portuários.

Art. 29-A. A Polícia Federal, diretamente ou por meio de convênio com os órgãos de segurança pública dos Estados, do Distrito Federal e dos Municípios, nos termos do disposto no § 3º do art. 6º da Lei nº 10.826, de 2003, e observada a supervisão do Ministério da

Justiça e Segurança Pública:   (Incluído pelo Decreto nº 10.030, de 2019)

I - estabelecerá o currículo da disciplina de armamento e tiro dos cursos de formação das guardas municipais; (Incluído pelo Decreto nº 10.030, de 2019)

II - concederá porte de arma de fogo funcional aos integrantes das guardas municipais, com validade pelo prazo de dez anos, contado da data de emissão do porte, nos limites territoriais do Estado em que exerce a função; e   (Incluído pelo Decreto nº 10.030, de 2019)

III - fiscalizará os cursos de formação para assegurar o cul - estabelecimento de ensino de atividade policial; mprimento do currículo da disciplina a que se refere o inciso I.   (Incluído pelo Decreto nº 10.030, de 2019)

Parágrafo único.  Os guardas municipais autorizados a portar arma de fogo, nos termos do inciso II do caput, poderão portá-la nos deslocamentos para suas residências, mesmo quando localizadas em município situado em Estado limítrofe.   (Incluído pelo Decreto nº 10.030, de 2019)

Art. 29-B.  A formação de guardas municipais poderá ocorrer somente em:    (Incluído pelo Decreto nº 10.030, de 2019)

I - estabelecimento de ensino de atividade policial; (Incluído pelo Decreto nº 10.030, de 2019)

II - órgão municipal para formação, treinamento e aperfeiçoamento de integrantes da guarda municipal; (Incluído pelo Decreto nº 10.030, de 2019)

III - órgão de formação criado e mantido por Municípios consorciados para treinamento e aperfeiçoamento dos integrantes da guarda municipal; ou  (Incluído pelo Decreto nº 10.030, de 2019)

IV - órgão estadual centralizado e conveniado a seus Municípios, para formação e aperfeiçoamento de guardas municipais, no qual seja assegurada a participação dos municípios conveniados no conselho gestor.  (Incluído pelo Decreto nº 10.030, de 2019)

Art. 29-C.  O porte de arma de fogo aos integrantes das instituições de que tratam os incisos III e IV do caput do art. 6º da Lei nº 10.826, de 2003, será concedido somente mediante comprovação de treinamento técnico de, no mínimo:  (Incluído pelo Decreto nº 10.030, de 2019)

I - sessenta horas, para armas de repetição; e (Incluído pelo Decreto nº 10.030, de 2019)

II - cem horas, para arma de fogo semiautomática. (Incluído pelo Decreto nº 10.030, de 2019)

§ 1º  O treinamento de que trata o caput destinará, no mínimo, sessenta e cinco por cento de sua carga horária ao conteúdo prático.  (Incluído pelo Decreto nº 10.030, de 2019)

§ 2º  O curso de formação dos profissionais das guardas municipais de que trata o art. 29-A conterá técnicas de tiro defensivo e de defesa pessoal. (Incluído pelo Decreto nº 10.030, de 2019)

§ 3º  Os profissionais das guardas municipais com porte de arma de fogo serão submetidos a estágio de qualificação profissional por, no mínimo, oitenta horas anuais.  (Incluído pelo Decreto nº 10.030, de 2019)

Art. 29-D.  A Polícia Federal poderá conceder porte de
arma de fogo, nos termos do disposto no § 3º do art. 6º
da Lei nº 10.826, de 2003, às guardas municipais dos
Municípios que tenham instituído:   (Incluído pelo
Decreto nº 10.030, de 2019)

I - corregedoria própria e independente para a apuração
de infrações disciplinares atribuídas aos servidores
integrantes da guarda municipal; e   (Incluído pelo
Decreto nº 10.030, de 2019)

II - ouvidoria, como órgão permanente, autônomo e
independente, com competência para fiscalizar,
investigar, auditar e propor políticas de qualificação das
atividades desenvolvidas pelos integrantes das guardas
municipais.   (Incluído pelo Decreto nº 10.030, de 2019)

Art. 30.  Os integrantes das Forças Armadas e os
servidores dos órgãos, instituições e corporações
mencionados nos incisos II, V, VI e VII do caput do art.
6º da Lei nº 10.826, de 2003, transferidos para a
reserva remunerada ou aposentados, para
conservarem a autorização de porte de arma de fogo
de sua propriedade deverão submeter-se, a cada dez
anos, aos testes de avaliação psicológica a que faz
menção o inciso III do caput do art. 4º da Lei nº 10.826,
de 2003.

§ 1º  O cumprimento dos requisitos a que se refere o caput será atestado pelos órgãos, instituições e corporações de vinculação.

§ 2º  Não se aplicam aos integrantes da reserva não remunerada das Forças Armadas e Auxiliares as prerrogativas mencionadas no caput.

Art. 31.  A entrada de arma de fogo e munição no País, como bagagem de atletas, destinadas ao uso em competições internacionais será autorizada pelo Comando do Exército.

§ 1º  O porte de trânsito das armas a serem utilizadas por delegações estrangeiras em competição oficial de tiro no País será expedido pelo Comando do Exército.

§ 2º  Os responsáveis pelas delegações estrangeiras e brasileiras em competição oficial de tiro no País e os seus integrantes transportarão as suas armas desmuniciadas.

Art. 32.  As empresas de segurança privada e de transporte de valores solicitarão à Polícia Federal autorização para aquisição de armas de fogo.

§ 1º  A autorização de que trata o caput:

I - será concedida se houver comprovação de que a empresa possui autorização de funcionamento válida e justificativa da necessidade de aquisição com base na atividade autorizada; e

II - será válida apenas para a utilização da arma de fogo em serviço.

§ 2º  As empresas de que trata o caput encaminharão, trimestralmente, à Polícia Federal a relação nominal dos vigilantes que utilizem armas de fogo de sua propriedade.

§ 3º  A transferência de armas de fogo entre estabelecimentos da mesma empresa ou para empresa diversa será autorizada pela Polícia Federal, desde que cumpridos os requisitos de que trata o § 1º.

§ 4º  Durante o trâmite do processo de transferência de armas de fogo de que trata o § 3º, a Polícia Federal poderá autorizar a empresa adquirente a utilizar as armas de fogo em fase de aquisição, em seus postos de serviço, antes da expedição do novo Certificado de Registro de Arma de Fogo.

§ 5º  É vedada a utilização em serviço de arma de fogo particular do empregado das empresas de que trata este artigo.

§ 6º  É de responsabilidade das empresas de segurança privada a guarda e o armazenamento das armas, das munições e dos acessórios de sua propriedade, nos termos da legislação específica.

§ 7º  A perda, o furto, o roubo ou outras formas de extravio de arma de fogo, de acessório e de munições que estejam sob a guarda das empresas de segurança privada e de transporte de valores deverão ser comunicadas à Polícia Federal, no prazo de vinte e quatro horas, contado da ocorrência do fato, sob pena de responsabilização do proprietário ou do responsável legal.

Art. 33.  A classificação legal, técnica e geral e a definição das armas de fogo são as constantes deste Decreto e a dos demais produtos controlados são aquelas constantes do Decreto nº 9.493, de 5 de setembro de 2018, e de sua legislação complementar.

CAPÍTULO III

DA IMPORTAÇÃO E DA EXPORTAÇÃO

Art. 34.  O Comando do Exército autorizará a aquisição e a importação de armas de fogo, munições e demais produtos controlados, mediante prévia comunicação, para os seguintes órgãos, instituições e corporações:

Art. 34.  O Comando do Exército autorizará previamente a aquisição e a importação de armas de fogo de uso restrito, munições de uso restrito e demais produtos controlados de uso restrito, para os seguintes órgãos, instituições e corporações:   (Redação dada pelo Decreto nº 10.030, de 2019)

I - a Polícia Federal;

II - a Polícia Rodoviária Federal;

III - o Gabinete de Segurança Institucional da Presidência da República;

IV - a Agência Brasileira de Inteligência;

V - o Departamento Penitenciário Nacional;

VI - a Força Nacional de Segurança Pública, por meio da Secretaria Nacional de Segurança Pública;

VII - os órgãos policiais da Câmara dos Deputados e do Senado Federal a que se referem, respectivamente, o inciso IV do caput do art. 51 e o inciso XIII do caput do art. 52 da Constituição;

VIII - as polícias civis dos Estados e do Distrito Federal;

IX - as polícias militares dos Estados e do Distrito Federal;

X - os corpos de bombeiros militares dos Estados e do Distrito Federal; e

XI - as guardas municipais.

§ 1º  Ato do Comandante do Exército disporá sobre os procedimentos relativos à comunicação prévia a que se refere o caput e sobre as informações que dela devam constar.

§ 1º-A  Para a concessão da autorização a que se refere o caput, os órgãos, as instituições e as corporações comunicarão previamente ao Comando do Exército o quantitativo de armas e munições de uso restrito que pretendem adquirir.   (Incluído pelo Decreto nº 10.030, de 2019)

§ 2º  Serão, ainda, autorizadas a importar armas de fogo, munições, acessórios e demais produtos controlados:

§ 2º  Serão, ainda, autorizadas a adquirir e importar armas de fogo, munições, acessórios e demais produtos controlados:   (Redação dada pelo Decreto nº 10.030, de 2019)

I - os integrantes das instituições a que se referem os incisos I a XI do caput;

II - pessoas naturais autorizadas a adquirir arma de fogo, munições ou acessórios, de uso permitido ou restrito, conforme o caso, nos termos do disposto no art. 12, nos limites da autorização obtida;

III - pessoas jurídicas credenciadas no Comando do Exército para comercializar armas de fogo, munições e produtos controlados; e

IV - os integrantes das Forças Armadas.

§ 3º  Ato do Comandante do Exército disporá sobre as condições para a importação de armas de fogo, munições e demais produtos controlados a que se refere o § 2º.

§ 3º  Ato do Comandante do Exército disporá sobre as condições para a importação de armas de fogo, munições, acessórios e demais produtos controlados a que se refere o § 2º, no prazo de trinta dias, contado da data de publicação do Decreto nº 10.030, de 30 de setembro de 2019.   (Redação dada pelo Decreto nº 10.030, de 2019)

§ 4º  O disposto nesse artigo não se aplica aos comandos militares.

§ 5º  A autorização de que trata o caput poderá ser concedida pelo Comando do Exército mediante avaliação e aprovação de planejamento estratégico, com duração de, no máximo, quatro anos, de aquisição de armas, munições e produtos controlados de uso restrito pelos órgãos, pelas instituições e pelas corporações de que trata o caput.   (Incluído pelo Decreto nº 10.030, de 2019)

§ 6º  A aquisição de armas de fogo e munições de uso permitido pelos órgãos, pelas instituições e pelas corporações a que se refere o caput será comunicada ao Comando do Exército.   (Incluído pelo Decreto nº 10.030, de 2019)

Art. 35.  Compete ao Comando do Exército:

I - autorizar e fiscalizar a produção, a exportação, a importação, o desembaraço alfandegário e o comércio de armas, munições e demais produtos controlados no território nacional;

II - manter banco de dados atualizado com as informações acerca das armas de fogo, acessórios e munições importados; e

III - editar normas:

a) para dispor sobre a forma de acondicionamento das munições em embalagens com sistema de rastreamento;

b) para dispor sobre a definição dos dispositivos de segurança e de identificação de que trata o § 3º do art. 23 da Lei nº 10.826, de 2003;

c) para que, na comercialização de munições para os órgãos referidos no art. 6º da Lei nº 10.826, de 2003, estas contenham gravação na base dos estojos que permita identificar o fabricante, o lote de venda e o adquirente; e

d) para o controle da produção, da importação, do comércio, da utilização de simulacros de armas de fogo, nos termos do disposto no parágrafo único do art. 26 da Lei nº 10.826, de 2003.

Parágrafo único.  Para fins do disposto no inciso III do caput, o Comando do Exército ouvirá previamente o Ministério da Justiça e Segurança Pública.

Art. 36.  Concedida a autorização a que se refere o art. 34, a importação de armas de fogo, munições e demais produtos controlados pelas instituições e pelos órgãos a que se referem o inciso I ao inciso XI do caput do art. 34 ficará sujeita ao regime de licenciamento automático da mercadoria.

Art. 37.  A importação de armas de fogo, munições e demais produtos controlados pelas pessoas a que se refere o § 2º do art. 34 ficará sujeita ao regime de licenciamento não automático prévio ao embarque da mercadoria no exterior.

§ 1º  O Comando do Exército expedirá o Certificado Internacional de Importação após a comunicação a que se refere o § 1º do art. 34.

§ 2º  O Certificado Internacional de Importação a que se refere o § 1º terá validade até o término do processo de importação.

Art. 38.  As instituições, os órgãos e as pessoas de que trata o art. 34, quando interessadas na importação de armas de fogo, munições e demais produtos controlados, deverão preencher a Licença de Importação no Sistema Integrado de Comércio Exterior - Siscomex.

§ 1º  O desembaraço aduaneiro das mercadorias ocorrerá após o cumprimento do disposto no caput.


§ 2º  A Licença de Importação a que se refere o caput terá validade até o término do processo de importação.


Art. 39.  As importações realizadas pelas Forças Armadas serão comunicadas ao Ministério da Defesa.


Art. 40.  A Secretaria Especial da Receita Federal do Brasil do Ministério da Economia e o Comando do Exército fornecerão à Polícia Federal as informações relativas às importações de que trata este Capítulo e que devam constar do Sinarm.


Art. 41.  Fica autorizada a entrada temporária no País, por prazo determinado, de armas de fogo, munições e acessórios para fins de demonstração, exposição, conserto, mostruário ou testes, por meio de comunicação do interessado, de seus representantes legais ou das representações diplomáticas do país de origem ao Comando do Exército.


§ 1º  A importação sob o regime de admissão temporária será autorizada por meio do Certificado Internacional de Importação.

§ 2º  Terminado o evento que motivou a importação, o material deverá retornar ao seu país de origem e não poderá ser doado ou vendido no território nacional, exceto se a doação for destinada aos museus dos órgãos e das instituições a que se referem o inciso I ao inciso XI do caput do art. 34.

§ 3º  A Secretaria Especial da Receita Federal do Brasil do Ministério da Economia fiscalizará a entrada e a saída do País dos produtos a que se refere este artigo.

Art. 42.  Fica vedada a importação de armas de fogo, de seus acessórios e suas peças, de suas munições e seus componentes, por meio do serviço postal e de encomendas.

Art. 42.  Fica vedada a importação de armas de fogo, seus acessórios e peças, de munições e seus componentes, por meio do serviço postal e similares. (Redação dada pelo Decreto nº 9.981, de 2019)

Art. 43.  O Comando do Exército autorizará a exportação de armas, munições e demais produtos controlados, nos termos estabelecidos em legislação específica para exportação de produtos de defesa e no disposto no art. 24 da Lei nº 10.826, de 2003.

Art. 44.  O desembaraço aduaneiro de armas de fogo, munições e demais produtos controlados será feito pela Secretaria Especial da Receita Federal do Brasil do Ministério da Economia, após autorização do Comando do Exército.

§ 1º  O desembaraço aduaneiro de que trata o caput incluirá:

I - as operações de importação e de exportação, sob qualquer regime;

II - a internação de mercadoria em entrepostos aduaneiros;

III - a nacionalização de mercadoria entrepostada;

IV - a entrada e a saída do País de armas de fogo e de munição de atletas brasileiros e estrangeiros inscritos em competições nacionais ou internacionais;

V - a entrada e a saída do País de armas de fogo e de
munição trazidas por agentes de segurança de
dignitários estrangeiros em visita ao País;

VI - a entrada e a saída de armas de fogo e de munição
de órgãos de segurança estrangeiros, para participação
em operações, exercícios e instruções de natureza
oficial; e

VII - as armas de fogo, as munições, as suas partes e
as suas peças, trazidas como bagagem acompanhada
ou desacompanhada.

§ 2º  O desembaraço aduaneiro de armas de fogo e de
munição ficará condicionado ao cumprimento das
normas específicas sobre marcação estabelecidas pelo
Comando do Exército.

CAPÍTULO IV

DISPOSIÇÕES FINAIS

Art. 45.  As armas de fogo apreendidas, observados os
procedimentos relativos à elaboração do laudo pericial
e quando não mais interessarem à persecução penal,

serão encaminhadas pelo juiz competente ao Comando do Exército, no prazo de quarenta e oito horas, para destruição ou doação aos órgãos de segurança pública ou às Forças Armadas.

§ 1º  Os órgãos de segurança pública ou as Forças Armadas responsáveis pela apreensão manifestarão interesse pelas armas de fogo apreendidas, respectivamente, ao Ministério da Justiça e Segurança Pública ou ao Comando do Exército, no prazo de dez dias, contado da data de envio das armas ao Comando do Exército, nos termos do disposto no caput.

§ 2º  O Comando do Exército se manifestará favoravelmente à doação de que trata o caput, na hipótese de serem cumpridos os seguintes requisitos:

I - comprovação da necessidade de destinação do armamento;

II - adequação das armas de fogo ao padrão de cada órgão; e

III - atendimento aos critérios de priorização estabelecidos pelo Ministério da Justiça e Segurança

Pública, nos termos do disposto no § 1º do art. 25 da
Lei nº 10.826, de 2003.


§ 3º  O Ministério da Justiça e Segurança Pública
incluirá a priorização de atendimento ao órgão que
efetivou a apreensão dentre os critérios de que trata o
inciso III do § 2º.


§ 4º  A análise do cumprimento dos requisitos
estabelecidos no § 2º será realizada no prazo de cinco
dias, contado da data de manifestação de interesse de
que trata o § 1º, pela Secretaria Nacional de Segurança
Pública do Ministério da Justiça e Segurança Pública,
na hipótese de a manifestação ter sido apresentada
pelos órgãos de segurança pública, ou pelo Comando
do Exército, na hipótese de a manifestação ter sido
apresentada pelas Forças Armadas.


§ 4º A análise do cumprimento do requisito estabelecido
no inciso III do § 2º será realizada no prazo de trinta
dias, contado da data de manifestação do Comando do
Exército em relação à comprovação de necessidade e
adequação ao padrão do órgão interessado:
(Redação dada pelo Decreto nº 10.030, de 2019)


I - pela Secretaria Nacional de Segurança Pública do
Ministério da Justiça e Segurança Pública, na hipótese
de a manifestação ter sido apresentada pelos órgãos

de segurança pública; ou     (Incluído pelo Decreto nº 10.030, de 2019)

II - pelo Comando do Exército, na hipótese de a manifestação ter sido apresentada pelas Forças Armadas.   (Incluído pelo Decreto nº 10.030, de 2019)

§ 5º  Cumpridos os requisitos de que trata o § 2º, o Comando do Exército encaminhará, no prazo de vinte dias, a relação das armas de fogo a serem doadas ao juiz competente, que determinará o seu perdimento em favor do órgão ou da Força Armada beneficiária.

§ 6º  Na hipótese de não haver manifestação expressa do órgão ou da Força Armada que realizou a apreensão das armas, nos termos do disposto no § 1º, os demais órgãos de segurança pública ou das Forças Armadas poderão manifestar interesse pelas armas de fogo, no prazo de trinta dias, contado da data de recebimento do relatório a que se refere o § 1º do art. 25 da Lei nº 10.826, de 2003, e encaminhar pedido de doação ao Comando do Exército.

§ 7º  O Comando do Exército apreciará o pedido de doação de que trata o § 6º, observados os requisitos estabelecidos no § 2º, e encaminhará, no prazo de sessenta dias, contado da data de divulgação do relatório a que se refere o § 1º do art. 25 da Lei nº

10.826, de 2003, a relação das armas a serem doadas, para que o juiz competente determine o seu perdimento, nos termos do disposto no § 5º.

§ 8º  As armas de fogo de valor histórico ou obsoletas poderão ser objeto de doação a museus das Forças Armadas ou de instituições policiais indicados pelo Comando do Exército.

§ 9º  As armas de fogo apreendidas poderão ser devolvidas pela autoridade competente aos seus legítimos proprietários na hipótese de serem cumpridos os requisitos de que trata o art. 4º da Lei nº 10.826, de 2003.

§ 10.  A decisão sobre o destino final das armas de fogo não doadas aos órgãos interessados nos termos do disposto neste Decreto caberá ao Comando do Exército, que deverá concluir pela sua destruição ou pela doação às Forças Armadas.

§ 11.  As munições e os acessórios apreendidos, concluídos os procedimentos relativos à elaboração do laudo pericial e quando não mais interessarem à persecução penal, serão encaminhados pelo juiz competente ao Comando do Exército, no prazo de quarenta e oito horas, para destruição ou doação aos órgãos de segurança pública ou às Forças Armadas.

§ 12.  O órgão de segurança pública ou as Forças
Armadas responsáveis pela apreensão das munições
serão o destinatário da doação, desde que manifestem
interesse.


§ 13.  Na hipótese de não haver interesse por parte do
órgão ou das Forças Armadas responsáveis pela
apreensão, as munições serão destinadas ao primeiro
órgão que manifestar interesse.


§ 14.  Compete ao órgão de segurança pública
beneficiário da doação das munições periciá-las para
atestar a sua validade e encaminhá-las ao Comando do
Exército para destruição, na hipótese de ser constado
que são inservíveis.


§ 15.  As armas de fogo, as munições e os acessórios
apreendidos que forem de propriedade das instituições
a que se referem os incisos I a XI do caput do art. 34
serão devolvidos à instituição após a realização de
perícia, exceto se determinada sua retenção até o final
do processo pelo juízo competente.


Art. 46.  As solicitações dos órgãos de segurança
pública sobre informações relativas ao cadastro de
armas de fogo, munições e demais produtos

controlados junto ao Sinarm e ao Sigma serão
encaminhadas diretamente à Polícia Federal ou ao
Comando do Exército, conforme o caso.

Art. 47.  Na hipótese de falecimento ou interdição do
proprietário de arma de fogo, o administrador da
herança ou o curador, conforme o caso, providenciará a
transferência da propriedade da arma, por meio de
alvará judicial ou de autorização firmada por todos os
herdeiros, desde que sejam maiores de idade e
capazes, observado o disposto no art. 12.

§ 1º  O administrador da herança ou o curador
comunicará à Polícia Federal ou ao Comando do
Exército, conforme o caso, a morte ou a interdição do
proprietário da arma de fogo.

§ 2º  Na hipótese de que trata o caput, a arma de fogo
permanecerá sob a guarda e a responsabilidade do
administrador da herança ou do curador, depositada em
local seguro, até a expedição do Certificado de Registro
de Arma de Fogo e a entrega ao novo proprietário.

§ 3º  A inobservância ao disposto no § 2º implicará a
apreensão da arma de fogo pela autoridade
competente, sem prejuízo das sanções penais cabíveis.

Art. 48.  O valor da indenização de que tratam os art. 31
e art. 32 da Lei nº 10.826, de 2003, e o procedimento
para o respectivo pagamento serão fixados pelo
Ministério da Justiça e Segurança Pública.


Art. 49.  Os recursos financeiros necessários ao
cumprimento do disposto nos art. 31 e art. 32 da Lei nº
10.826, de 2003, serão custeados por dotação
orçamentária específica consignada ao Ministério da
Justiça e Segurança Pública.


Art. 50.  Será presumida a boa-fé dos possuidores e
dos proprietários de armas de fogo que as entregar
espontaneamente à Polícia Federal ou aos postos de
recolhimento credenciados, nos termos do disposto no
art. 32 da Lei nº 10.826, de 2003.


Art. 51.  A entrega da arma de fogo de que tratam os
art. 31 e art. 32 da Lei nº 10.826, de 2003, de seus
acessórios ou de sua munição será feita na Polícia
Federal ou em órgãos e entidades credenciados pelo
Ministério da Justiça e Segurança Pública.


§ 1º  Para o transporte da arma de fogo até o local de
entrega, será exigida guia de trânsito, expedida pela
Polícia Federal ou por órgão por ela credenciado, que
conterá as especificações mínimas estabelecidas pelo
Ministério da Justiça e Segurança Pública.

§ 2º  A guia de trânsito de que trata o § 1º poderá ser
expedida pela internet, na forma estabelecida em ato
do Diretor-Geral da Polícia Federal.


§ 3º  A guia de trânsito de que trata o § 1º autorizará
tão-somente o transporte da arma, devidamente
desmuniciada e acondicionada de maneira que seu uso
não possa ser imediato, limitado para o percurso nela
autorizado.


§ 4º  O transporte da arma de fogo sem a guia de
trânsito, ou o transporte realizado com a guia, mas sem
a observância ao que nela estiver estipulado, sujeitará
o infrator às sanções penais cabíveis.


Art. 52.  As disposições sobre a entrega de armas de
fogo de que tratam os art. 31 e art. 32 da Lei nº 10.826,
de 2003, não se aplicam às empresas de segurança
privada e de transporte de valores.


Art. 53.  Será aplicada pelo órgão competente pela
fiscalização multa de:


I - R$ 100.000,00 (cem mil reais):

a) à empresa de transporte aéreo, rodoviário,
ferroviário, marítimo, fluvial ou lacustre que permita o
transporte de arma de fogo, munição ou acessórios
sem a devida autorização ou com inobservância às
normas de segurança; e

b) à empresa de produção ou de comercialização de
armas de fogo que realize publicidade para estimular a
venda e o uso indiscriminado de armas de fogo,
acessórios e munição, exceto nas publicações
especializadas;

II - R$ 200.000,00 (duzentos mil reais), sem prejuízo
das sanções penais cabíveis:

a) à empresa de transporte aéreo, rodoviário,
ferroviário, marítimo, fluvial ou lacustre que
deliberadamente, por qualquer meio, realize, promova
ou facilite o transporte de arma de fogo ou de munição
sem a devida autorização ou com inobservância às
normas de segurança; e

b) à empresa de produção ou de comercialização de
armas de fogo que reincidir na conduta de que trata a
alínea "b" do inciso I do caput; e

III - R$ 300.000,00 (trezentos mil reais), sem prejuízo das sanções penais cabíveis, à empresa que reincidir na conduta de que tratam a alínea "a" do inciso I e as alíneas "a" e "b" do inciso II.

Art. 54.  A empresa de segurança e de transporte de valores ficará sujeita às penalidades de que trata o art. 23 da Lei nº 7.102, de 20 de junho de 1983, na hipótese de não apresentar, nos termos do disposto nos § 2º e § 3º do art. 7º da Lei nº 10.826, de 2003:

I - a documentação comprobatória do cumprimento dos requisitos constantes do art. 4º da Lei nº 10.826, de 2003, quanto aos empregados que portarão arma de fogo; e

II - semestralmente, ao Sinarm, a listagem atualizada de seus empregados.

Art. 55.  Os recursos arrecadados em razão das taxas e das sanções pecuniárias de caráter administrativo previstas neste Decreto serão aplicados nos termos do disposto no § 1º do art. 11 da Lei nº 10.826, de 2003.

Art. 56.  As receitas destinadas ao Sinarm serão
recolhidas ao Banco do Brasil S.A., na conta Fundo
para Aparelhamento e Operacionalização das
Atividades-Fim da Polícia Federal, e serão alocadas
para o reaparelhamento, a manutenção e o custeio das
atividades de controle e de fiscalização da circulação
de armas de fogo e de repressão ao seu tráfico ilícito,
de competência da Polícia Federal.

Art. 57.  Os requerimentos formulados ao Comando do
Exército, ao Sigma, à Polícia Federal e ao Sinarm
referentes aos procedimentos previstos neste Decreto
serão apreciados e julgados no prazo de sessenta dias.

§ 1º  A apreciação e o julgamento a que se refere o
caput ficarão condicionados à apresentação do
requerimento devidamente instruído à autoridade
competente.

§ 2º  O prazo a que se refere o caput será contado da
data:

I - da entrega do requerimento devidamente instruído;
ou

II - da entrega da documentação completa de instrução do requerimento, na hipótese de as datas da entrega do requerimento e dos documentos que o instruem não coincidirem.

§ 3º  Transcorrido o prazo a que se refere o caput sem a apreciação e o julgamento do requerimento, observado o disposto no § 1º, consideram-se aprovados tacitamente os pedidos nele formulados.

§ 4º  A aprovação tácita não impede a continuidade da apreciação do requerimento, que poderá ser cassado, caso constatado o não cumprimento dos requisitos legais.

Art. 58.  O Decreto nº 9.607, de 12 de dezembro de 2018, passa a vigorar com as seguintes alterações:

"Art. 34-B.  A autorização para importação de Prode, conforme definido em ato do Ministro de Estado da Defesa, poderá ser concedida:

I - aos órgãos e às entidades da administração pública;

II - aos fabricantes de Prode em quantidade necessária
à realização de pesquisa, estudos e testes, à
composição de sistemas de Prode ou à fabricação de
Prode;


III - aos representantes de empresas estrangeiras, em
regime de admissão temporária, para fins de
experiências, testes ou demonstração, junto às Forças
Armadas do Brasil ou a órgãos ou entidades públicas,
desde que comprovem exercer a representação
comercial do fabricante estrangeiro no território
nacional e apresentem documento comprobatório do
interesse das instituições envolvidas;


IV - aos expositores, para participação em feiras,
mostras, exposições e eventos, por período
determinado;


V - aos agentes de segurança de dignitários
estrangeiros em visita ao País, em caráter temporário;


VI - às representações diplomáticas;


VII - aos integrantes de Forças Armadas do Brasil ou de
órgãos de segurança estrangeiros, em caráter
temporário, para:

a) participação em exercícios combinados; ou

b) participação, na qualidade de instrutor, aluno ou competidor, em cursos e eventos profissionais das Forças Armadas do Brasil e de órgãos de segurança nacionais, desde que o Prode seja essencial para o curso ou o evento; e

VIII - aos colecionadores, aos atiradores desportivos, aos caçadores e às pessoas naturais cujas armas de fogo devam ser registradas pelo Comando do Exército, nas condições estabelecidas no Regulamento para a Fiscalização de Produtos Controlados.

§ 1º Nas hipóteses previstas nos incisos III, IV e VII do caput, a importação será limitada às amostras necessárias ao evento, vedada a importação do produto para outros fins, e os Prode deverão ser reexportados após o término do evento motivador da importação ou, a critério do importador e com autorização do Ministério da Defesa, doados.

§ 2º Na hipótese prevista no inciso III do caput, os Prode não serão entregues aos seus importadores e ficarão diretamente sob a guarda dos órgãos ou das instituições envolvidos." (NR)

Art. 59.  O Decreto nº 9.845, de **25 de junho de 2019**, passa a vigorar com as seguintes **alterações**:


"Art. 7º

..........................................................................................................

........


§ 1º  Nas hipóteses de que trata o caput, o proprietário entregará a arma de fogo à Polícia Federal ou ao Comando do Exército, conforme o caso, mediante indenização, na forma prevista no art. 48 do Decreto nº 9.847 , de 25 de junho de 2019, ou providenciará a sua transferência para terceiro, no prazo de sessenta dias, contado da data da ciência do indiciamento ou do recebimento da denúncia ou da queixa pelo juiz.


.................................................................................
...................." (NR)


"Art. 8º  Na hipótese de não cumprimento dos requisitos de que trata o art. 3º para a renovação do Certificado de Registro de Arma de Fogo, o proprietário entregará a arma de fogo à Polícia Federal, mediante indenização, na forma prevista no art. 48 do Decreto nº 9.847, de 2019, ou providenciará a sua transferência, no prazo de sessenta dias, para terceiro interessado na aquisição, observado o disposto no art. 5º.

.................................................................................
...................." (NR)

Art. 60.  Ficam revogados:

I - os seguintes dispositivos do Anexo ao Decreto nº 3.665, de 20 de novembro de 2000:

a) o art. 183; e

b) o art. 190;

II - o art. 34-A do Decreto nº 9.607, de 2018;

III - o Decreto nº 9.785, de 7 de maio de 2019;

IV - o Decreto nº 9.797, de 21 de maio de 2019; e

V - o Decreto nº 9.844, de 25 de junho de 2019.

Art. 61.  Este Decreto entra em vigor na data de sua publicação.

Brasília, 25 de junho de 2019; 198º da Independência e 131º da República.

JAIR MESSIAS BOLSONARO

Onyx Lorenzoni

Este texto não substitui o publicado no DOU de 25.6.2019 - Edição extra - B

*

Atuante nas investigações de minorias como mulheres,
idosos, crianças em risco social, lgbtq,  criminosos que
abandonam animais ou transita em maus-tratos
portadores de HIV+ e refugiados.

Detetive Sophye, é ativista  de causas

Como busca de filhos e mães que foram vendidos para
países ou trocados em adoção sem permissões.

E possui carteira internacional de terapeuta holística
consultora, podendo atuar em todo o planeta.

É assim que devemos fazer em nossa vida, torna-la um
legado.



É proprietária da Sophye Intec, uma empresa que atua
na terapêutica da investigação, onde as vítimas são
ouvidas e tratadas por parcerias terapêuticas
cadastradas.

Sophye já escreveu diversos livros,
sendo os seus livros mais lidos.

Zara – a misteriosa cadela adotada,
"Quem vive de migalha é pombo",

Cansei de suas mentiras – encontrei
meu valor.


Sophye é casada desde 2018  com
Nadija Adriana Mariano, escritora e
Terapeuta.

Este livro é uma homenagem a todos
os Detetives que fazem a diferença no
mundo, pois todo trabalho elucida e traz
a verdade.

Gratidão.